Succession de PONTALBA

RICHE MOBILIER

ET

OBJETS D'ART

Beaux Bronzes
Trois Lustres en cristal de roche, grands Vases de Sèvres
Marbres, Potiches de Chine et du Japon

GARNISSANT LE SPLENDIDE HOTEL DE PONTALBA

Rue du Faubourg-Saint-Honoré, 41

VENTE

Les Mercredi 14, Jeudi 15 et Vendredi 16 Juin 1876

EXPOSITIONS

PARTICULIÈRE : les Samedi 10, Dimanche 11 et Lundi 12 Juin 1876
PUBLIQUE : le Mardi 13 Juin, de 1 heure à 5 heures

COMMISSAIRE-PRISEUR :

Me **MULON**, rue de Rivoli, n° 55

EXPERTS :

M. RIFF	**M. HORSIN DÉON**
rue Drouot, n° 13	rue des Moulins, n° 13

PARIS — 1876

V⁰ᵉ RENOU, MAULDE et COCK

IMPRIMEURS DE LA COMPAGNIE DES COMMISSAIRES-PRISEURS

Rue de Rivoli, 144.

CATALOGUE

DU

RICHE MOBILIER

ET DES

OBJETS D'ART

Beaux Groupes, Vases et Torchères en bronze de Crozatier, Pendules monumentales
Candélabres et Chenets en bronze doré (modèles de Versailles)

GRANDS VASES-JARDINIÈRES EN PORCELAINE DE SÈVRES
Bleue, grand feu
AVEC RICHES MONTURES EN BRONZE DORÉ

TROIS MAGNIFIQUES LUSTRES
En cristal de roche
DONT UN A QUATRE-VINGTS LUMIÈRES

Plusieurs riches Meubles de salon en bois sculpté et doré
recouverts en soie

RIDEAUX, TAPIS ET TENTURES
Garnissant l'Hôtel de PONTALBA

DONT LA VENTE AURA LIEU

RUE DU FAUBOURG-SAINT-HONORÉ, N° 41
Les Mercredi 14, Jeudi 15 et Vendredi 16 Juin 1876
A DEUX HEURES

Par le ministère de **Me MULON**, Commissaire-Priseur,
rue de Rivoli, 55,
Assisté de **M. RIFF**, Expert, rue Drouot, 13,
Et de **M. HORSIN DÉON**, Peintre, rue des Moulins, 15,
CHEZ LESQUELS SE TROUVE LE CATALOGUE.

EXPOSITIONS

PARTICULIÈRE	PUBLIQUE
Les Samedi 10, Dimanche 11 et Lundi 12 Juin 1876	Le Mardi 13 Juin 1876

DE UNE HEURE A CINQ HEURES

PARIS — 1876

CONDITIONS DE LA VENTE

———

Elle sera faite au comptant.

Les Acquéreurs paieront en sus des adjudications CINQ POUR CENT, applicables aux frais.

L Exposition mettant le Public a même de se rendre compte de l'état des Objets, il ne sera admis aucune réclamation une fois l'adjudication prononcée.

DÉSIGNATION

GRAND VESTIBULE

1 — Deux grands Portemanteaux et Porte-Parapluies en chêne sculpté.

2 — Petites Consoles en chêne sculpté à dossiers de marbre griotte.

3 — Quatre Chaises et deux Canapés en chêne sculpté, avec écussons armoriés et recouverts en reps, genre tapisserie.

4 — Quatre Gaînes en marbre brèche.

5 — Quatre Vases en bronze doré et armorié, avec anses formées par des Amours.

6 — Grande Lanterne de vestibule en bronze doré, style Louis XV.

7 — Deux Tables carrées en chêne sculpté formant bureau.

8 — Belle Crédence en bois sculpté du XVIe siècle.

9 — Deux grands Fauteuils, deux Chaises et un Tabouret en chêne sculpté, recouverts en reps.

10 — Un Bureau en chêne sculpté, style Renaissance.

11 — Une petite Pendule en bois sculpté.

12 — Deux Potiches en porcelaine du Japon, décor bleu sur fond blanc.

GRANDE SALLE A MANGER

13 — Trois grandes et belles Vasques supportées par des groupes d'enfants (bronze doré).

14 — Quatre Vases formant candélabres en bronze doré, style rocaille, à treize lumières.

15 — Grande Console étagère formée par six pieds en bronze doré de style rocaille, avec tables en marbre vert antique.

16 — Deux autres Consoles semblables à la précédente, plus petites.

17 — Deux Tables-Guéridons carrées en bronze doré, à dessus de marbre vert antique.

18 — Grand Lustre en bronze doré et ciselé à cent vingt lumières, style Louis XIV.

19 — Douze Bras appliques en bronze doré, style Louis XIV, à douze lumières.

20 — Grande et belle Table en ébène, garnie de bronze
doré et incrustations de cuivre. (Longueur
6 mètres, largeur 3 mètres).

21 — Huit Rideaux de fenêtres en soie rouge et velours
avec leurs patères et embrasses.

22 — Vingt-quatre Chaises en ébène, garnies en bronze
doré et couvertes en soie rouge et velours.

SALON DES FÊTES

23 — Magnifique Meuble de salon en bois sculpté et doré
couverts en soie bleue à ramage et composé de
cent trois Chaises, sept Canapés capitonnés et
deux Fauteuils.

24 — Six grands Rideaux en soie brochée bleue et blanche
avec patères et embrasses; six autres Rideaux formant portières, même étoffe.

25 — Magnifique Lustre en cristal de roche et bronze
doré, à quatre-vingts lumières

26 — Douze Appliques en bronze doré garnies de cristaux de roche à douze lumières.

PETIT SALON

27 — Deux Dessus de porte ovales (Sujet allégorique : la
Musique et la Poésie), signé de Troy (1733).

28 — Cinq Bras appliques en bronze doré à cinq lumières chaque, style Louis XIV.

29 — Table à jeu en ébène, garnie de bronze doré.

30 — Grande et belle Console en bois sculpté et doré, table en marbre blanc.

GRAND SALON EN LAQUE

31 — Grand et beau Lustre en bronze doré et cristal de roche, à cinquante lumières.

32 — Quatre Appliques en bronze doré et cristal de roche, à douze lumières.

33 — Quatre grands Candélabres figure de Satyre en bronze doré, garnis de cristaux de roche, à onze lumières.

34 — Une grande Pendule style Louis XIV en bronze doré (modèle de Versailles).

35 — Deux Flambeaux en bronze ciselé et doré (style Louis XIV).

36 — Deux Chenets en bronze doré (Lion couché), même style·

37 — Porte-Pelle et Pincettes garnis.

38 — Grande et belle Console en bois sculpté et doré, avec table en marbre vert antique (style Louis XIV).

39 — Grande Vasque-jardinière en porcelaine de Sèvres
bleue grand feu, supportée par un trépied orné
de guirlandes de fleurs et tête de sanglier en
bronze doré.

40 — Deux petites Consoles appliques en bois sculpté et
doré avec dessus en marbre vert antique.

41 — Deux jolis Vases en albâtre oriental, garnis de
bronze finement ciselé et doré.

42 — Magnifique Meuble de salon composé de deux
grands Canapés, deux Causeuses, six Fauteuils
et six Chaises en bois sculpté et doré, recouverts
en soie brochée sur fond jaune (style Louis XIV).

43 — Six Rideaux de fenêtre avec patères et embrasses
même étoffe.

44 — Très-beau Tapis en moquette à rosaces et guirlandes
de fleurs, genre Aubusson.

45 — Tapis de foyer en moquette : Groupe de fleurs.

—

GRAND SALON ROUGE

46 — Quatre grandes Torchères formées par des enfants
grandeur nature, bronze noir, supportées par
des pieds en marbre blanc et bronze doré orné
de mascarons et surmontées d'un groupe de
lumières rocailles également en bronze doré.

47 — Grande et belle Torchère supportée par un groupe
d'enfants en bronze noir sur un pied en bronze
doré et surmontée d'un vase à cinq groupes de
lumières, de style rocaille en bronze doré.
Cette magnifique pièce, attribuée à Feuchère,
a été fondue par Crozatier.

48 — Grande Pendule monumentale en bronze doré
style Louis XV, avec figures de femmes cou-
chées (*Fleuves*), et deux Candélabres, groupe
d'enfants supportant des vases ornés de dix-
neuf lumières, bronze doré.

49 — Deux Vases en bronze doré ornés de mascarons,
guirlandes de fleurs et feuillages formant chenets, style Louis XIV.

50 — Deux grandes et belles Consoles richement
sculptées et dorées, avec Table en marbre blanc,
style Louis XIV.

51 — Deux petites Consoles-Appliques en bois sculpté
et doré avec dessus en marbre blanc, même
style.

52 — Riche Meuble de salon composé de : deux causeuses, six fauteuils, six chaises, un grand
canapé circulaire et un autre grand canapé
flanqué de deux fauteuils : le tout en bois
sculpté et doré et recouvert en satin broché
cramoisi à fleurs.

53 — Six grands Rideaux de fenêtre et deux Panneaux
en satin cramoisi broché à fleurs, pareils aux
meubles.

54 — Deux grandes Potiches en porcelaine de Chine avec monture en bronze doré.

55 — Beau Vase en porcelaine de Sèvres, fond rose, à anse chimère, décors de fleurs blanches et or.

56 — Deux Flambeaux en bronze doré, style Louis XIV·

57 — Porte-Pelle et Pincettes garnis en bronze doré.

58 — Grand et beau Tapis en moquette à palmes et guirlandes de fleurs, genre Aubusson.

59 — Tapis de foyer en moquette, groupe de fleurs.

GRAND SALON VERT

60 — Deux grands Candélabres formés par des enfants en bronze noir supportant des cornes d'abon·dance surmontées d'un groupe de onze lumières en bronze doré; socles à mascarons également en bronze doré.

61 — Deux autres Candélabres semblables aux précédents.

62 — Grande Pendule monumentale de style rocaille en bronze doré avec enfants en bronze noir de Feuchères et fondue par Crozatier.

63 — Grande Console en bois sculpté et doré avec table en marbre brèche, style Louis XIV.

64 — Deux petites Consoles-Appliques en bois sculpté et doré, à dessus en marbre brèche, même style.

65 — Deux Consoles-Appliques en bois sculpté et doré à dessus de marbre brèche.

66 — Deux petites Potiches porcelaine de Chine montée en bronze doré.

67 — Joli Vase en porcelaine de Saxe, décoré de fleurs en relief sur pied en bois sculpté.

68 — Paire de Flambeaux en bronze doré, style Louis XIV.

69 — Un Pare-étincelles en bronze doré et découpé à jour.

70 — Deux Chenets forme vase, ornés de mascarons et figures de chimères, bronze doré.

71 — Grand Lustre en bronze doré, orné de cristaux de roche, à soixante-dix lumières.

72 — Grande Table ronde en bois noir à filets de cuivre et garni de bronze doré, dessus en drap vert.

73 — Beau Piano à queue, en bois d'ébène, garni de bronze doré de Érard.

74 — Beau Meuble de salon, composé de deux canapés, deux causeuses, six fauteuils et six chaises en bois sculpté et doré, recouverts en satin vert broché, à fleurs, style Louis XIV.

75 — Six Rideaux de fenêtres en satin vert, brochés, à
fleurs, avec patères et embrasses.

76 — Grand Tapis de salon à rosaces, guirlandes de
fleurs et mascarons en moquette, genre Aubusson.

77 — Tapis de foyer, groupe de fleurs en moquette.

78 — Deux Tables en bois noir à jour, garnis de bronze
doré et couvertes en drap vert.

CHAMBRE A COUCHER

79 — Deux Meubles à hauteur d'appui en bois noir,
garnis de bronze doré, avec portes en marquet-
terie de cuivre sur écaille, de Boule, dessus de
marbre rouge.

80 — Grand et beau Lit de milieu en bronze doré et
ciselé, à colonnes détachées et fronton armorié.

81 — Deux petits Chiffonniers en bois noir avec incrus-
tation de cuivre, garnis de bronze et cariatides
dorées, dessus en marbre.

82 — Une Pendule surmontée d'un groupe d'enfants,
d'après Clodion, bronze doré.

83 — Deux Groupes en bronze, d'après Clodion, formant candélabres avec lumières et socles en
bronze doré.

84 — Deux Flambeaux en bronze doré, style Louis XIV.

85 — Deux Chenets (Enfants) sur socles, ornés de mascarons et guirlandes de fleurs, bronze doré.

86 — Porte-Pelle et Pincettes garnis.

87 — Petite Console avec pieds cariatides en bronze doré et table en marbre rouge antique.

88 — Un Meuble de chambre à coucher, composé : de deux causeuses, deux fauteuils, une chaise longue, six chaises en bois sculpté et doré et couvert en satin jaune broché.

89 — Lustre en bronze doré et cristal de roche, à trente lumières.

90 — Douze Rideaux lambrequin et garniture de lit en satin fond jaune, brochés blanc, avec patères et embrasses.

91 — Grand Tapis fond bleu et guirlandes de fleurs moquette, genre Aubusson.

92 — Tapis de foyer, fond vert et fleurs moquette.

PETIT BOUDOIR

93 — Un petit Canapé et deux Chaises en bois sculpté et doré recouverts en soie jaune.

94 — Une Console en bois sculpté et doré, à dessus de marbre blanc.

95 — Porte-Pelle et Pincettes garnis.

96 — Petit Tapis de la pièce en moquette.

PETIT SALON VERT ET OR

97 — Deux Rideaux avec lambrequin en soie jaune brochée.

98 — Petit Lustre en bronze doré, garnis de cristaux de roche, douze lumières.

99 — Quatre Bras appliques en bronze doré, garnis de cristaux de roche.

100 — Deux Groupes en bronze doré supportant des pyramides en cristal de roche.

101 — Paire de Chenets à vases, répied en bronze doré, style Louis XVI.

102 — Deux petits Guéridons avec pieds en marbre doré et Table en marbre griotte.

103 — Une Console Louis XVI en bois sculpté et doré avec table en marbre blanc.

104 — Porte-Pelle et Pincettes garnis.

105 — Quatre Portières en soie jaune avec patères et
     embrasses.

106 — Deux Causeuses, deux Fauteuils, quatre Chaises en
     bois sculpté et doré, couvert en satin fond jaune
     broché.

PETIT SALON EN CHÊNE

107 — Un Lustre en bronze doré, style Louis XIV, douze
     lumières.

108 — Cinq Bras appliques en bronze doré à mascarons.

SALLE A MANGER ORDINAIRE

109 — Deux grands Chenets en bronze doré, style
     Louis XIII.

110 — Lustre en bronze doré, trente-six lumières, style
     Louis XIV.

111 — Six Pieds de lampes en bronze doré.

112 — Six Bras-Appliques, à cinq lumières, en bronze
     doré.

113 — Tapis en moquette, à rosace fond rouge, genre
Aubusson.

114 — Sous ce numéro seront vendus les objets omis au
présent catalogue.

Vᵉ Renou, Maulde et Cock, imprˢ de la Compagnie des Commissaires-Priseurs
rue de Rivoli, 144.   66046